AF311398

OBSERVATIONS

SUR LE MANIFESTE

DU ROI D'ANGLETERRE.

A PARIS,

CHEZ LES MARCHANDS DE NOUVEAUTÉS.

PRAIRIAL AN XI.

OBSERVATIONS

SUR LE MANIFESTE

DU ROI D'ANGLETERRE.

« Si la vérité était bannie de la terre, elle devrait
se réfugier dans le cœur des rois... »

CE n'est pas dans le cœur du roi de la Grande-Bretagne que la vérité a trouvé cet asyle, si nous en jugeons par les fausses allégations qui remplissent ses divers messages au parlement, ainsi que la déclaration solennelle qui vient d'émaner de son trône, que la paix seule pouvait affermir.

Est-ce l'Europe que ce monarque a prétendu tromper par ce manifeste perturbateur ? Est-ce la France qu'il a voulu égarer ou diviser par ses imputations mensongères ? Sont-ce les alliés de la République, dont il a espéré d'aliéner la confiance, par un hypocrite intérêt à leur situation passée ? Serait-ce enfin pour induire en erreur ses sujets eux-mêmes, qu'il veut entraîner dans une guerre purement ministérielle ? ou plutôt n'est-ce pas la foi jurée dont S. M. britannique a entrepris de déguiser la honteuse violation ? N'est-ce pas la lettre et l'esprit des traités de l'Europe pacifiée, dont elle a essayé de méconnaître les dispositions évidentes ? N'est-ce pas pour pallier des pirateries dès long-tems préméditées sur les nations commerçantes et maritimes du Continent, qu'elle a fait au parlement britannique des messages trompeurs et des communications infidèles ? qu'elle a organisé dans ses ports, avec une alarmante ostentation, des préparatifs militaires au sein de la paix, une aggression simultanée sur toutes les mers, sans motifs, et des hostilités rapaces sans pudeur ?

Mais si les causes de ses plaintes étaient légitimes, pourquoi violenter les négociations ? Pourquoi leur fermer irrévocablement toute nouvelle issue par un acte despotique ? Pourquoi récuser toute puissance médiatrice ? Pourquoi mutiler les actes diplomatiques ? Pourquoi tromper la représentation nationale ? Pourquoi dissimuler la vérité à une grande nation ? Pourquoi altérer, par un secret impénétrable, la publicité constitutionnelle des délibérations ?

Le roi d'Angleterre et ses ministres seraient-ils donc habitués à penser que l'injustice armée est la seule puissance digne de gouverner le Monde ? Et ignorent-ils que la violence et le mensonge ont toujours gâté même les meilleures causes ? La destinée des Empires est plus liée qu'on ne pense au maintien des traités et à l'observation de la foi promise.

Nous laissons au Gouvernement français le soin glorieux de répondre avec la victoire, par le dernier et irrésistible argument des gouvernemens et des peuples, à ces odieuses récriminations. Ses procédés pacifiques, modérés et généreux, ont été pour lui des devoirs : il les a remplis avec autant de patience que de dignité ; c'est une justice qui lui est

(5)

rendue par la nation entière. Mais l'avenir et la
vérité sont inexorables.

Deux ans se seront à peine écoulés, que le génie
de l'Europe, armé pour la paix, aura écrit en ter-
ribles caractères sur les terres britanniques les peines
méritées pour l'infraction des traités. Nous nous
renfermerons dans la simple réfutation des motifs
énoncés dans la déclaration du roi d'Angleterre.
Qui pourra dire si les causes assignées à une aussi
épouvantable guerre annoncent dans l'aggresseur,
plus d'injustice et de haine, que de mensonge et
d'aveuglement ?

Le roi prétend, en déclarant aujourd'hui de son
propre mouvement la guerre à la France, lorsqu'il
s'est à peine écoulé une année de paix, « que *son
desir sincère a été, non-seulement de mettre un terme
aux hostilités entre les deux pays, mais encore
d'adopter des mesures qui pussent contribuer d'une
manière effective à consolider la tranquillité de l'Europe.* » — Quelles étaient ces mesures ? Elles sont
écrites dans le traité d'Amiens ; c'est de restituer
le Cap de Bonne-Espérance aux Bataves, en gar-
dant toutefois l'opulente possession de l'île de Cey-
lan ; c'est de rendre Minorque à l'Espagne, en
s'appropriant cependant l'heureuse position colo-
niale de la Trinité ; c'est d'évacuer l'Egypte, lorsque la peste d'Alexandrie est le seul motif puissant
qui en a fait sortir les Anglais ; c'est d'évacuer
Malte, dont la domination sur le commerce de la
Méditerranée leur conseille la continuelle occupation. Est-ce là prendre des mesures qui puissent
contribuer d'une manière effective à consolider la
tranquillité de l'Europe ?

Quelle est donc cette méthode nouvelle de con-

solider la tranquillité de l'Europe, en déclarant la
guerre à une des principales puissances, et en s'emparant de tous les points maritimes qui assurent à
l'Angleterre la tyrannie commerciale universelle?

« *Les mêmes motifs*, ajoute le roi, *d'après lesquels il s'est conduit dans les négociations pour la
paix, ont toujours depuis dirigé invariablement sa
conduite.* » — Si ses motifs secrets pendant la négociation pour la paix étaient de ne point désemparer de l'île de Malte, certes il est évident que
ces mêmes motifs n'ont pas cessé de le diriger ;
mais si nous voulons adopter un langage de droi-
ture et de franchise, il est bien plus évident encore
que le motif qui a *invariablement* dirigé la conduite du roi, est l'usurpation constante de l'île de
Malte, en n'exécutant jamais la quatrième disposition de l'article X du traité d'Amiens. Est-ce là
vouloir *contribuer d'une manière effective à consolider la tranquillité de l'Europe?* N'est-ce pas au
contraire commencer sa déclaration par une pro-
position fausse et dérisoire, puisque la violation
manifeste du traité d'Amiens dans une de ses plus
importantes dispositions, consiste à ne pas restituer Malte à ses légitimes souverains, la Méditerranée et la navigation à son indépendance naturelle, et le commerce des nations à sa liberté
indispensable et imprescriptible?

Le roi déclare qu'il a voulu *consolider la tranquillité de l'Europe avant les négociations pour la paix,
comme depuis cette époque.* Cela n'est point exact.
Restituer Malte était le premier acte de cette con-
solidation de la paix en Europe, et aujourd'hui plus
que jamais le canon anglais tyrannise, du haut de
ce rocher, la Méditerranée, et insulte le commerce

général depuis la paix signée, comme il le faisait auparavant. Les faits sont toujours plus puissans que les paroles. L'occupation opiniâtre et hostile de l'île de Malte est la réponse à ces *prétendues intentions amicales, et à ce desir sincère de sa majesté britannique de contribuer à consolider la tranquillité de l'Europe.*

1er. GRIEF. — Le roi d'Angleterre se plaint de ce que « *les procédés du Gouvernement français, relativement au commerce, forment le plus frappant contraste avec sa conduite franche, libérale et amicale. La prohibition des marchandises anglaises, qui avait eu lieu pendant la guerre, a été maintenue et même augmentée avec rigueur et sévérité.* »

Voilà donc la conduite du roi d'Angleterre devenue tout à coup *franche, libérale et amicale !* Ouï sans doute, si la *franchise* consiste à signer un traité de paix qu'on se propose de ne jamais exécuter ; si la *libéralité* consiste à prohiber en Angleterre le commerce français des soieries pendant la paix, aussitôt que le goût s'en introduit à Londres ; si l'*amitié* consiste à faire la guerre avec des calomnies et des poignards pendant la paix, à haïr et à nuire réellement sous les dehors de la bienveillance et du bon voisinage.

Est-ce donc sous de tels rapports que l'on peut appeler la conduite du roi d'Angleterre, *franche, libérale, amicale ?*

Il eût été plus exact d'appeler sa conduite adroite et habile dans le sens des tromperies politiques ; car le roi, pour flatter l'esprit manufacturier et mercantile des Anglais, ce qui constitue leur unique et véritable *esprit public,* n'a pas manqué d'insérer dans sa déclaration, *que les prohibitions du commerce an-*

glais en *France avaient reçu, depuis la paix, un ac-croissement de sévérité.*

Mais cette assertion n'est pas fondée : on pourrait en donner des preuves multipliées ; il suffira de celle-ci : Pendant la guerre, aucun navire anglais n'abordait en France ; à la paix, nos ports en étaient remplis. L'introduction des charbons d'Angleterre était empêchée pendant la guerre ; elle a été permise depuis la paix.

Et d'ailleurs, comment peut-on faire un sujet de plainte des prohibitions de ce genre ? Elles sont réciproques. Nulle part elles ne sont aussi nombreuses, aussi rigides que dans la Grande-Bretagne. Elle a toujours repoussé nos marchandises et même nos productions territoriales. Nos vins peuvent à peine y pénétrer : tous les droits sont exorbitans.

Le gouvernement anglais, jaloux de la prospérité de toutes les nations, voudrait tout soumettre à son industrie, et ne permettre que la consommation des exportations de son commerce. Est-ce que la France s'est interdit ses propres forces industrielles et son génie commercial en signant un traité de paix ? Est-ce que la France a sanctionné à Amiens le commerce et la fabrication exclusive de l'Angleterre ? Celle-ci n'a-t-elle pas ses prohibitions, ses impôts, ses tarifs de douanes ? La France ne trouble donc pas la paix, en organisant, à son tour, ses douanes et ses prohibitions, selon l'intérêt de son commerce et de son industrie.

C'est avec aussi peu d'exactitude que le roi ajoute « *que toutes les prohibitions contre le commerce français, qui avaient été imposées pendant la guerre, n'avaient plus d'effet.* »

Ceci est non-seulement faux, mais ne peut être

vrai ; car , avant la guerre , il existait un traité de commerce entre la France et l'Angleterre. Toutes les prohibitions, pendant la guerre, avaient détruit les stipulations de ce traité. Pour que *toutes* les prohibitions *mises pendant la guerre n'eussent plus d'effet*, il aurait fallu faire revivre les avantages stipulés à l'égard de la France par le traité de commerce ; et c'est assurément ce que la Grande-Bretagne ne peut avoir fait. Au contraire, tout ce qui peut favoriser le commerce français a été prohibé en Angleterre , ou soumis à des droits qui équivalent à une prohibition.

L'Angleterre n'est-elle pas de toutes les nations la plus exclusive ? N'est-elle pas la seule qui ait un *Acte de navigation ?* Et pour cela , les autres nations ont-elles vu un motif de guerre dans son système exclusif, dans son Acte de navigation ?

Il est donc bien absurde que l'Angleterre voie un sujet de guerre dans nos procédés à l'égard du commerce anglais. Si elle entend que la France sacrifiera les manufactures et l'industrie françaises aux manufactures et à l'industrie anglaises , et que la guerre doive durer jusqu'à ce qu'elle ait atteint ce but , il faudra que l'Angleterre parvienne à nous désarmer ; ce qui n'est pas une facile entreprise, quand il s'agit d'une nation de 33 millions d'individus accoutumés à vaincre , et qui ont résisté à l'Europe liguée contr'eux ; d'une nation qui , par dix années de triomphes , a appris à l'Univers que, malgré les guerres civiles , les dissentions , les coalitions et les crimes organisés et stipendiés avec prodigalité par le gouvernement britannique , il ne peut résulter des attaques imprudentes qu'on lui a portées ou qu'on lui ferait encore , qu'un accroissement de puissance , de génie et d'audace , tel, qu'un détroit n'est qu'un faible obstacle à ses conquêtes et à sa justice vengeresse des infractions aux traités.

Le roi déclare que « *des actes de violence ont eu lieu contre des vaisseaux anglais et leurs propriétés, et que jamais dans aucune circonstance , il n'y a eu ni justice ni satisfaction accordées à cet égard aux demandes réitérées des ministres de S. M. et de son ambassadeur à Paris.* »

De tels faits de violence devraient être du moins articulés et prouvés, quand il s'agit de baser sur eux des hostilités nationales. Mais on a préféré de ne point les préciser, pour laisser plus de vague et d'étendue à un grief mal fondé. Quant au prétendu non succès des demandes faites par les ministres ou par l'ambassadeur anglais , concernant des négocians de leur nation , il est de notoriété incontestable qu'il n'est aucune représentation des ministres du roi d'Angleterre qui n'ait été prise en considération. L'on peut citer plus de *deux cents décisions rendues en faveur de négocians anglais.* Sont-ce là des dénis de justice et de légitimes motifs de guerre ?

2e. G**RIEF**. — « *Le Gouvernement de la France a eu recours ,* selon la déclaration du roi , *à la mesure extraordinaire d'envoyer en Angleterre nombre de personnes pour résider dans les ports de la Grande-Bretagne et de l'Irlande , en qualité d'agens de Commerce, caractère qui ne pouvait leur être acquis avec ses priviléges que par un traité de Commerce. Or, il n'y avait aucun traité de cette nature entre S. M. et la République française.* »

Si le Gouvernement français a envoyé des agens commerciaux , c'est en vertu de l'usage et du droit universellement reconnu et usité en Europe. Les relations commerciales sont devenues une sorte de droit naturel et un droit des gens parmi les nations civilisées, puisque le commerce, agent principal de la civilisation moderne, forme aussi la grande base de la prospérité , de la richesse et de la force des nations.

Il n'est pas nécessaire d'avoir un traité de commerce avec une puissance, pour être autorisé à entretenir chez elle des agens commerciaux. C'est ainsi que nous en envoyons en Suède , en Dannemarck , en Autriche , en Prusse , en Amérique , et que ces puissances en envoient chez nous , quoique nous n'ayons pas de traité de commerce avec elles. C'est ainsi que l'Angleterre elle - même entretient des agens commerciaux en Hollande et chez plusieurs autres puissances , sans avoir cependant fait de traités de commerce avec elles. C'est ainsi que de tout tems les agens commerciaux ont été réciproquement admis chez toutes les nations. Le commerce et ses agens respectifs sont antérieurs à tous les traités de diplomatie et de commerce , et sont surtout indépendans de ces mêmes traités. Ce n'est donc pas là une *mesure très-extraordinaire* de la part du Gouvernement français.

« *Il y avait donc toute raison de CONJECTURER*, porte la déclaration , *que l'objet réel de leur mission était d'une toute autre nature : et ce SOUPÇON était confirmé , non-seulement parce que quelques-uns de ces agens étaient MILITAIRES , mais même par la connaissance qu'on a eue que plusieurs 'd'entre eux étaient chargés , par leurs instructions , de prendre des sondes des ports , et de se procurer les plans des lieux où ils*

devaient résider. S. M. fit représenter au Gouverne-
ment français la nécessité de les rappeler. »

Voilà des *conjectures* et des *soupçons* qui servent de prétextes à ce que le roi d'Angleterre viole , à l'égard de nos agens commerciaux, le droit des gens et le droit politique ! Voilà donc des *soupçons* et des *conjectures* qui doivent servir de base à une déclaration de guerre ! C'est puissamment raisonner sans doute , mais les faits sont-ils vrais ?

D'abord le Gouvernement français n'a envoyé dans la Grande - Bretagne des agens commerciaux qu'avec des instructions de protocole , telles qu'on les a constamment expédiées depuis le ministère de Colbert. — En second lieu, le Gouvernement français n'a donné de ces commissions commerciales à *aucun militaire.* Il suffit de jeter les yeux sur le tableau public des agens commerciaux , pour se convaincre qu'il est de fait qu'aucun de ces envoyés en Angleterre n'était *militaire.* — Mais eussent-ils autrefois occupé des grades dans l'armée , si cette circonstance eût été un motif de guerre , comment le roi d'Angleterre ne se plaignait - il pas aussi de ce que l'ambassadeur français était un militaire à-la-fois artilleur et général ? — En troisième lieu , tout le commerce a su que le citoyen Coquebert, qui arriva le premier en Angleterre avec une mission pareille à celle de tous les autres , fut très - bien accueilli par le gouvernement anglais , et que les ministres de S. M. parurent le voir avec plaisir.

Quant à la représentation sur la prétendue mission de sonder les ports, et de se procurer les cartes des places où ils devaient résider, cette représentation a-t-elle jamais été faite ? On ne peut d'ail leurs concevoir ce reproche, et dès-lors y répondre, puisque les sondes des ports et des rades sont connues et existent dans des ouvrages imprimés qui se trouvent dans les mains de tout le monde, ainsi que les plans des places de guerre, et puisque nos agens commerciaux n'étaient pas envoyés dans des places de cette nature.

« *Cependant S. M. a cru qu'il était de son devoir d'empêcher leur départ. L'on ne peut nier que les circonstances dans lesquelles on les a envoyés, et les instructions qu'ils ont reçues, ne doivent être regardées comme des indices positifs des dispositions et des intentions du gouvernement qui les employait.* »

C'est ainsi qu'après un traité de paix solennel, le gouvernement anglais empêchait les agens commerciaux de la France de se rendre à leur destination (cet aveu de l'infraction des droits de la paix et de la réciprocité entre les deux nations pacifiques, est précieux) ; c'est ainsi que le gouvernement anglais verse le soupçon injurieux sur l'envoi d'agens commerciaux fait dans les circonstances de la paix signée, et de la bonne amitié rétablie entre les deux peuples ; c'est ainsi qu'il a interprété à son gré les instructions qu'il suppose avoir été données à ces agens commerciaux, instructions d'usage données selon le protocole diplomatique, instructions qui n'ont d'hostile et de suspect que les fausses interprétations données par le gouvernement anglais.

C'est ainsi que ce gouvernement, après n'avoir formé que des *conjectures* et des *soupçons* sur la mission de ces envoyés français, considère tout à coup la *circonstance de la paix établie à Amiens et les instructions données aux agens commerciaux* comme *des indices positifs, des intentions et des dispositions du gouvernement qui les employait.* Ce n'est donc plus désormais par des aggressions réelles, par des actes hostiles, par des faits évidens, par des attaques incontestables que les puissances de l'Europe se déclareront la guerre. Un plus libre cours est ouvert par l'Angleterre à la terrible manie de guerroyer. Un nouveau *traité de la paix et de la guerre* va sortir des têtes diplomatiques du cabinet de Saint-James. C'est sur des *conjectures*, sur des soupçons d'inimitié, c'est sur des *indices*, sur des *dispositions*, sur des *intentions* que les puissances, semblables à l'Angleterre, doivent baser à l'avenir leurs déclarations de guerre. Les publicistes n'ont écrit que sur les faits positifs, sur les actes réels qui peuvent être regardés comme des hostilités; mais désormais les publicistes de Westminster ont établi une nouvelle politique; ils ont publié et donné une plus grande latitude aux chances de la guerre, en établissant le bienfaisant système des hostilités *intentionnelles.*

D'après un pareil système introduit dans la politique anglaise, il ne faut plus s'étonner de ce que le roi conclut « que *la conduite du Gouvernement français, quant aux relations commerciales entre les deux pays, ne peut paraître convenable dans la paix.* » A quelle époque faudrait-t-il donc s'attendre que l'Angleterre reçoive les agens commerciaux de la France, puisque l'époque de la paix ne lui paraît pas le tems convenable pour ce genre de relations ? Ce n'est pas, certes, pendant la guerre, que nos relations commerciales lui seront agréables; il n'y a donc plus de contact commercial ou politique possible entre les deux gouvernemens; car la paix et la guerre embrassent tous les tems. Aussi le gouver-

nement anglais, fidele à sa haine aveugle et invé-
térée, déclare que tous les procédés du Gouvernement français dans ses relations politiques de tout
genre, sont opposés à la justice, à la modération et
à la bonne foi.

Le roi d'Angleterre se croit donc le professeur
exclusif de ces grandes vertus. Il croit avoir *tous les
principes de justice*, en s'emparant par la force ou
par l'astuce de tout ce qui est à sa convenance, et
en songeant que tout ce qui lui convient, est sa propriété. Il croit avoir *tous les principes de modération*,
en donnant à une grande puissance continentale *36
heures* pour lui céder l'île de Lampedosa qui ne lui
appartient pas, pour consentir à l'usurpation de l'île
de Malte qui est la propriété de l'Ordre de Saint-
Jean de Jérusalem et des Maltais.

Il croit avoir *tous les principes de bonne foi*, en
violant ouvertement le traité d'Amiens qui l'obli-
geait à évacuer Malte dans le délai de trois mois, en
donnant à l'Europe l'exemple d'un roi qui, un jour,
ordonne de restituer le Cap de Bonne-Espérance
aux Bataves, en vertu du traité d'Amiens, et qui
le lendemain ordonne de le garder en violation
du même traité. Voilà un genre de justice, de modération et de bonne foi que nous trouverions à
peine chez des peuples barbares, et qu'heureuse-
ment la morale publique de l'Europe n'est pas dis-
posée à recevoir, et que toutes les forces navales
et toutes les arguties diplomatiques du gouvernement anglais ne parviendront jamais à faire légitimer chez les nations civilisées.

3ᵉ. GRIEF. — « *S. M. avait conçu l'espoir qu'elle
pourrait amener le Gouvernement français à adopter
un système de politique, qui, s'il n'eût pas inspiré*

de la confiance aux autres puissances, aurait du moins calmé leur jalousie. »

Mais à quel système nouveau de politique le roi d'Angleterre avait-il espéré d'amener le Gouvernement français ? Etait-ce à un système d'apathie, telle que l'Angleterre aurait insolemment commandé en Europe la paix ou la guerre, les partages ou les limites, le commerce ou la ruine, l'industrie ou l'asservissement, la visite des vaisseaux en pleine paix, et la désertion des ports des divers Etats du Continent ? Etait-ce à un système de désarmement total, d'abattement de l'esprit militaire et de non surveillance sur les côtes maritimes ou dans nos villes principales ? Etait-ce à un système de destruction de nos douanes, de préférence donnée aux marchandises anglaises sur celles de nos propres manufactures ? Etait-ce enfin à un système de dissimulation sur l'inexécution du traité d'Amiens, sur l'évacuation tardive d'Alexandrie, sur la non évacuation de Malte, et sur son ambition secrétement tournée vers les Deux-Siciles ? Le roi s'explique faiblement sans doute, et s'enveloppe de généralités diplomatiques ; mais cependant on peut bien comprendre son langage. On voit bien que le gouvernement anglais se souvient encore de cet *heureux* tems où des rois fainéans et des ministres vénaux livraient sans remords, comme sans obstacle, au ministère britannique la France trompée et avilie. On voit bien que le roi de la Grande-Bretagne tourne avec douleur ses regards attendris vers cette époque fortunée où, avec quelques millions corrupteurs et quelques menaces diplomatiques, il exerçait une influence absolue sur la politique et sur la direction générale des

affaires

affaires en France. Quel malheur pour l'illustre et pacifique règne de Georges III, qu'il ne puisse plus espérer de voir un de ses honorables commissaires assis sur les ruines de Dunkerque, qui commande-rait aux Français avec l'or et l'arrogance de son maître ; de ne plus élever pierre sur pierre dans les fortifications déshonorées de ce port, dont l'exis-tence attentait à la sûreté et au repos de la Grande-Bretagne !

Réfutons plus sérieusement la déclaration du roi. « Il *espère*, dit-il, *amener le Gouvernement fran-çais à un système de politique qui, s'il n'eût pas ins-piré de la confiance, aurait du moins calmé leur ja-lousie.* » Confiance à part, puisque ce n'est pas là le sentiment que le roi d'Angleterre veut inspirer, quelles sont donc les puissances *dont la jalousie avait besoin d'être calmée ?* Est-ce l'empereur de Russie, avec lequel la France agissait de concert pour arranger les affaires du corps germanique, et dont le caractère noble et pacifique n'a point cessé un instant de vouloir le maintien de la tranquillité de l'Europe ? Est-ce le roi de Prusse, à qui l'in-fluence que le Gouvernement français a obtenue par ses victoires et par sa justice, n'a rien fait perdre de ses droits et de son importance politique ? Est-ce enfin l'empereur d'Allemagne, lui qui n'a plus de point de contact avec la France, lui qui a reçu par les derniers traités une existence maritime et des concessions territoriales dans une belle partie de l'Italie ?

Ah ! la France paraît se défier bien peu de la justice et des dispositions franches et amicales de ces puissances si grandes par elles-mêmes, si in-fluentes par leur politique éclairée, puisque le Gou-

B

vernement français a plusieurs fois manifesté le vœu exprès que les discussions actuelles et les motifs de la guerre présente fussent pesés et décidés souverainement par leur médiation.

Le gouvernement anglais peut-il en dire autant ? Lui qui parle si hautement de la prétendue jalousie de ces puissances contre la France , a-t-il osé montrer la même confiance en leur intervention ? N'a-t-il pas récusé leur justice , ou éludé leur médiation? Ne voit-il pas plutôt que la jalousie de ces puissances est bien plus légitime quant à l'Angleterre elle-même , et que , si elles ont besoin d'être rassurées , d'être calmées , c'est bien plutôt lorsque ces puissances considèrent l'ambition gigantesque , les vues secrètes , la politique astucieuse , et surtout l'arrogance avec laquelle le gouvernement anglais s'arroge la monarchie universelle en politique , la colonisation générale , la tyrannie du commerce et la souveraineté des mers ?

C'est en vain que ce gouvernement machiavélique et usurpateur voudrait détourner les regards observateurs des puissances de l'Europe , en cherchant à exciter leur jalousie contre la France. Les puissances de l'Europe ne perdront jamais de vue le grand intérêt CONTINENTAL : elles sentent bien que la France n'existe que pour les préserver des pirateries britanniques dans la Méditerranée ; qu'elle n'étend sa puissance sur les côtes de l'ouest et du nord que pour garantir le commerce et l'industrie du continent des invasions des marchands anglais. Les ports de la France sont les boulevards de l'Europe contre les forbans de la Grande-Bretagne ; ses armées sont l'épouvantail du *tyran des mers* ; et si jamais le fléau de la co-

lonisation anglaise pouvait frapper de servitude et
de stérilité cette belle et magnifique Europe, dé-
positaire de tous les progrès des sciences et des arts
de la civilisation, ce ne pourrait être que lorsque
la France aurait perdu son existence politique et
ses armées victorieuses. Que dis-je ? La France
est continentale, peuplée, riche et éclairée, puis-
sante, gouvernée par le génie de la guerre, qui ne
s'arme que pour la paix générale et le commerce
universel. Et l'Angleterre, dont la puissance est
factice, la richesse artificielle, le gouvernement
passionné, la politique vénale, les colonies op-
primées, les amis douteux, les alliés trompés,
les citoyens mécontens, le crédit en péril, l'ad-
ministration accablée de dettes, l'Angleterre à la
fin d'un règne, s'avise encore de violer les traités, et de menacer les vainqueurs ! ! !

Quel contraste étonnant ! et cependant le roi
d'Angleterre déclare que « *si le Gouvernement français avait montré des dispositions essentiellement
pacifiques, on lui eût passé bien des choses en faveur
de la situation où devait se trouver un nouveau gouvernement après les orages de la révolution.* » Qu'entend le roi d'Angleterre par des *dispositions essentiellement pacifiques ?* Ce serait sans doute de n'avoir
plus d'armée sur pied, de laisser la France et ses
alliés entièrement au dépourvu, de n'avoir pas des
forces suffisantes pour garantir les pays que le gouvernement anglais se proposerait secrétement d'at-
taquer ou d'envahir, de lui laisser l'entrée libre en
Hollande, en Suisse, en Piémont, dans l'île d'Elbe,
à Naples et dans la Sicile; de n'avoir plus assez de
moyens militaires pour forcer à l'exécution du traité
d'Amiens la puissance qui, en le signant, avait

médité de ne l'exécuter jamais. C'est à de telles conditions de faiblesse et d'abandon inconcevables, que le roi d'Angleterre aurait *passé bien des choses au Gouvernement français.* Faudra-t-il donc que le Gouvernement français se fasse absoudre à Londres du crime d'être victorieux, d'être puissant, d'être pacificateur, d'être aimé de la Nation, et de maintenir avec honneur et courage la majesté du Peuple français ? ou plutôt ne faut-il pas rejeter sur le gouvernement anglais lui-même ce prétendu système de *violence*, *d'aggression* et d'agrandissement qu'il lui reproche ?

N'est-ce pas un système de *violence*, que de se refuser, avec d'immenses préparatifs maritimes, à exécuter le traité d'Amiens, et d'expulser à main armée la garnison napolitaine, qui n'a jamais été reçue dans les forts, mais renvoyée à Messine ? N'est-ce pas un système d'*agrandissement*, que de s'emparer de Malte contre la foi des traités qui en ordonnaient l'évacuation, et de dominer ainsi tout le commerce et la navigation de la Méditerranée ? Et c'est le roi de la Grande-Bretagne, dont les seules violences, dont les seules aggressions, dont les seules usurpations rallument la guerre en Europe, qui ne rougit pas de proférer encore quelque plainte contre le Gouvernement français !

« *Il a continué*, s'écrie-t-il, *d'entretenir une armée française en Hollande, contre la volonté et les remontrances du gouvernement batave, et au mépris des traités. Il a envahi, en tems de paix, le territoire de la Suisse, et violé son indépendance au mépris du traité de Lunéville. Il a annexé à la France le Piémont, Parme, Plaisance et l'île d'Elbe, sans rien accorder au roi de Sardaigne, ainsi dépouillé au mépris de la promesse faite à l'empereur de Russie.* »

Ce grief est aussi mal fondé que les autres : on le prouve : 1°. *quant à la Hollande*, on ne savait pas encore, au moment du message de S. M. B., si le Cap était évacué, et l'on savait bien positivement que Malte et Alexandrie ne l'étaient pas. Le séjour des troupes françaises en Hollande était une conséquence naturelle des garnisons que l'Angleterre tenait à Malte, et qu'elle y augmentait sans cesse. Et encore même le séjour des troupes françaises en Hollande ne portait aucun ombrage au gouvernement batave, au lieu que la garnison renforcée de Malte et la non-réception de la garnison napolitaine dans les forts de cette île démontraient à l'Europe un projet ambitieux sur la Méditerranée, et une violation préméditée du traité solennel de la paix générale.

Si, par un article du traité d'Amiens, la France avait été obligée d'évacuer la Hollande, l'inexécution des conditions acceptées par l'Angleterre aurait pu l'en dispenser. Mais bien loin de là : le traité d'Amiens ne stipule en aucune maniere l'évacuation de la Hollande, et cependant la France avait conclu avec la Hollande un traité, par lequel elle manifestait la volonté de retirer les 3000 hommes qui y étaient encore, du moment que l'exécution du traité dans les trois parties du Monde, et spécialement l'évacuation du Cap, seraient connues. D'ailleurs, dans les négociations, le Gouvernement français n'a-t-il pas répété qu'il évacuerait la Hollande dès l'instant où les stipulations du traité d'Amiens seraient entièrement remplies ?

2°. *Quant à la Suisse*, le Gouvernement français s'est engagé, par le traité d'Amiens, d'évacuer

le royaume de Naples et les Etats du Pape ; il ne
s'est point engagé d'évacuer la Suisse.

Au moment de la conclusion du traité d'Amiens,
il y avait douze mille hommes de troupes françaises
en Helvétie. Il est donc faux de dire que, depuis ce
traité, la France a envahi le territoire de la Suisse.
Mais, lors du traité de Lunéville, ce n'est pas la
Suisse qui a été reconnue ; c'est la « *République hel-*
vétique, une, et telle qu'elle existait au moment de
la signature de ce traité. » La France avait, par sa
situation territoriale et politique avec la Suisse, l'o-
bligation naturelle de conserver des troupes dans
ces malheureuses contrées pour les dérober à la trop
funeste influence des agens anglais qui y versaient
leurs poisons et leur or, qui y déposaient des armes
et des munitions, des marchandises et des calomnies contre la France.

Le sénat helvétique a demandé officiellement
l'intervention de la France pour mettre un terme
à d'horribles guerres intestines. C'est donc sur la demande du gouvernement helvétique que la France
est intervenue dans les malheureuses affaires de
l'Helvétie. Mais pourquoi cette République a-t-elle
été forcée de recourir à la France ? Pourquoi la
France s'est-elle vue obligée d'y intervenir ? Le
roi d'Angleterre nous l'apprend lui-même dans son
manifeste, lorsqu'il dit que *des mesures ont été par*
lui prises pour s'assurer de la situation réelle et des
vœux des cantons suisses.... Or, ce n'étaient pas les
cantons suisses qui avaient été reconnus à Lunéville, mais bien la République helvétique existant
dans le système de l'unité. Ainsi donc, lorsque
S. M. B. a travaillé généreusement et en secret,
à soulever les cantons suisses, à y rallumer par-

tout les torches de la guerre civile, c'est elle seule qui a cherché à détruire une des stipulations du traité de Lunéville. Cet aveu, fait par le roi d'Angleterre, est très-remarquable dans le même manifeste, où il se plaint de ce que la France a appaisé les dissentions civiles qu'il avait tant d'intérêt à exciter.

Mais enfin la Suisse est entiérement tranquille. Les troupes françaises, loin de violer son indépendance, ont assuré son repos et ses anciennes constitutions, puisqu'elle jouit en ce moment du même régime qu'elle avait avant les atteintes qui lui avaient été portées par le Directoire exécutif, et puisqu'elle a repris ses anciens usages, ses anciennes mœurs et son antique fédération. Tel est le jugement que les puissances limitrophes de la Suisse ont elles-mêmes porté de la conduite de la France ; car le roi d'Angleterre nous apprend, avec une extrême franchise, *qu'ayant sondé les sentimens des autres cabinets de l'Europe, il apprit, avec le plus vif regret, qu'aucune des puissances qui étaient les plus intéressées* à réprimer ces actes de violence et ces continuelles infractions *des traités, ne montrèrent pas des dispositions favorables à ce sujet.* Si donc l'Autriche elle-même, malgré l'éveil et les instigations que lui a données le cabinet de Londres, n'a pas jugé que la France commit des *violences* ni des *infractions aux traités*, pourquoi ce témoignage des *cabinets les plus intéressés*, témoignage qui est tout en faveur de la France, n'a-t-il pas arrêté la plume perturbatrice et insidieuse de l'auteur du manifeste anglican ?

3°. Le roi d'Angleterre n'est pas plus véridique pour ce qui concerne *la réunion du Piémont, Parme, Plaisance et l'île d'Elbe, sans accorder une provi-*

sion au roi de Sardaigne. D'après ces expressions de la déclaration royale, on dirait qu'au moment de la signature du traité d'Amiens (ventôse an 10), le roi de Sardaigne régnait à Turin. Cependant ce roi avait perdu depuis long-tems le Piémont, qui se trouvait réuni et incorporé à la France à l'époque du traité. Les douanes et les administrations nationales y étaient établies, organisées et en pleine activité. Cette réunion était si évidemment faite, et si bien connue diplomatiquement, que, *lors des conférences d'Amiens, lord Cornwallis offrit de reconnaître l'E-truric si la France voulait rendre le Piémont au roi de Sardaigne.* Cependant le Piémont fut refusé. Si donc l'Angleterre n'a pas fait de la restitution du Pié-mont, en l'an 10, une des conditions de la paix, pourquoi veut-elle faire, en l'an 11, de la conser-vation du Piémont par la France, un motif de guerre? Cette partie du manifeste n'est-elle pas aus-si absurde et aussi contradictoire qu'elle est odieuse?

A entendre les plaintes de l'Angleterre sur la réunion du Piémont, on croirait que S. M. B. est touchée du plus tendre intérêt en faveur de S. M. Sarde. Le roi d'Angleterre parut en manifester, à son égard, lors du traité d'Amiens. Le Gouverne-ment français lui proposa de laisser Ceilan aux Hollandais, et de prendre alors, en faveur du roi de Sardaigne, tel arrangement qu'il desirerait : mais le roi de la Grande-Bretagne, qui ne prend à tous les rois de l'Europe qu'un intérêt spéculatif et pu-rement diplomatique, déclina bien vîte la propo-sition, et le roi de Sardaigne fut abandonné par ce-lui-là même qui, dans le manifeste actuel, est os-tensiblement son défenseur. — Ainsi donc, puisque S. M. B. n'a voulu faire aucun sacrifice pour le roi de Sardaigne, qui, de fait, a perdu ses Etats par l'alliance de l'Angleterre, puisqu'on n'a voulu rien stipuler pour lui à Amiens, pourquoi tirer aujourd'hui, de la situation de ce prince, un grief contre la France ? Nous nous serions peut-être contentés, pour équivalent du Piémont, de la juste restitution des Etats de Tippo-Saïb à ses malheureux enfans. Mais enfin, lorsque l'Angleterre a parlé du roi de Sardaigne dans son *ultimatum*, on lui a dit qu'on ne demandait pas mieux que de traiter sur cet objet. Comment donc faire un motif de guerre de ce qui était un article adopté pour les négociations ?

Quant à l'île d'Elbe, Porto-Ferrajo, qui est la principale place, a été remise à la France en exécution du traité d'Amiens, *par la garnison anglaise elle-même*; et le traité qui existait entre la France et le roi d'Etrurie était connu de toute l'Europe.

Relativement *à Parme* et *à Plaisance*, il n'est pas vrai que ces pays soient réunis à la France.

Quant à l'intérêt officieux que S. M. britannique veut bien prendre à ce que les engagemens que la France aurait consentis envers la Russie aient lieu, on se borne à observer que le Gouvernement français a proposé la médiation de l'empereur de Russie sur les différends actuels , et qu'alors S. M. impériale aurait décidé ce qu'elle eût trouvé le plus équitable à cet égard. Quoi qu'il en soit, les stipulations que la France peut avoir faites avec le cabinet de Saint-Pétersbourg, ne sont point exécutées par le cabinet de Saint-James; et il faut bien que ce dernier perde l'habitude de cette monarchie universelle et de cette manie de se croire le *directoire* de toutes les puissances européennes.

4e. GRIEF. — Il paraît que c'est ici précisément que réside l'orgueil suprême de la couronne britannique. « *Ce fut environ à l'époque des affaires de la Suisse*, dit le manifeste royal, *que le Gouvernement français commença à mettre en avant le principe que S. M. britannique n'avait aucun droit de se mêler des affaires de la France dans tous les points qui ne faisaient pas partie du traité d'Amiens, et la prétention d'exclure S. M. britannique de tout droit d'intervention, relativement aux intérêts des autres puissances.* » Et à ce sujet le roi entame une longue discussion métaphysique et subtile sur *l'état de possession*, sur les *engagemens existans* au tems *du traité d'Amiens*, et il invoque la *loi générale des nations*.

Un sentiment impérieux d'indignation dicte plusieurs réponses. D'abord, le Gouvernement français a-t-il jamais dit les paroles que le roi d'Angleterre lui attribue ? Ses ministres ou ses ambassadeurs ont-ils jamais produit une seule note officielle, ou un acte diplomatique, ou une pièce patente dans lesquelles ces propositions soient énoncées ?

En second lieu, si la Grande-Bretagne prétend se mêler des affaires de l'Europe, il faut qu'elle permette de son côté, au continent de se mêler des affaires de l'Inde. Si l'Angleterre veut se mêler des affaires du continent européen, il ne faut pas qu'elle porte sans cesse des atteintes aux droits de souveraineté et d'indépendance des autres nations continentales, en violant leur pavillon, en faisant visiter leurs vaisseaux, et en s'arrogeant une intolérable prétention à la suprématie exclusive des mers.

En 3e. lieu, les faits les plus récens démentent

l'assertion du roi d'Angleterre. Ne vient-il pas de voter au sujet des arrangemens de l'Empire germanique ? On ne l'a donc pas empêché de se mêler des affaires du continent.

En 4°. lieu, si le Gouvernement français avait voulu exclure le roi d'Angleterre de toute intervention dans les affaires du continent, il ne l'aurait pu que de concert avec toutes les autres puissances continentales ; et si ce concert qu'un jour l'esprit d'ambition, d'arrogance, d'usurpation et de perfidie qui caractérisent les opérations de l'Angleterre, nécessitera sans doute trop fortement, avait déjà existé, c'est alors que toute intervention dans les affaires du continent lui aurait été irrévocablement interdite.

Le roi d'Angleterre ne relève ce prétendu grief que parce qu'il sent d'avance la justice d'une pareille mesure dans l'intérêt réel de l'Europe. Quelles seraient, en effet, les puissances qui consentiraient à lui soumettre leurs destinées ? Serait-ce l'empereur d'Allemagne ? Mais n'a-t-il pas été lâchement abandonné par le gouvernement anglais, ce prince qui, pour les seuls intérêts de la Grande-Bretagne, avait exposé sa couronne et le sort de ses Etats ? Le gouvernement anglais a-t-il seulement voulu consentir à un armistice maritime pour le dégager de l'armée française, qui était presque arrivée aux portes de Vienne ? Ne lui a-t-il pas constamment mal payé les subsides désastreux qu'il lui avait promis ? Semblable à un vil usurier et à un marchand avide, ne lui a-t-il pas fait subir des pertes considérables sur l'*escompte* et le *change* des sommes qu'il ne lui donnait qu'à titre d'emprunt ! Certes, si le gouvernement anglais eût voulu s'assurer des alliés sur le continent, il fallait qu'il renonçât à s'emparer, par le traité d'Amiens, de *Ceilan* et de la *Trinité*, pour faire obtenir une augmentation de territoire à l'Autriche, qui avait subi tant de pertes.

Qu'a fait au contraire le gouvernement anglais ? Il a abandonné l'empereur ; il a *conclu une paix séparée*, dans laquelle il n'a pas manqué de se réserver tous les avantages de territoire, d'influence et de colonies.

Serait-ce l'électeur de Bavière ? — Mais ce prince avait perdu la moitié de ses Etats en servant la cause commune, et la Grande-Bretagne n'a pris aucun intérêt à ce qu'elle lui fût restituée.

Serait-ce le roi de Sardaigne ? — Mais c'est pour soutenir la cause impie de l'Angleterre qu'il a pris part à une guerre qui lui a coûté le Piémont ; et le gouvernement anglais n'a voulu faire aux intérêts de ce roi aucun genre de sacrifice.

Serait-ce l'empereur de Russie ? — Mais le gouvernement anglais n'a-t-il pas atrocement sacrifié en Hollande l'armée russe ? Ne l'a-t-il pas seul exposée à toute l'impétuosité de l'armée française dans la mémorable affaire du *Helder ?* N'a-t-il pas porté cet odieux abandon des intérêts d'une nation qui avait servi sa cause, jusqu'à refuser d'échanger les soldats de l'empereur, pris dans cette journée, contre les prisonniers français qui étaient en Angleterre ? N'a-t-il pas porté le mépris du sang russe jusqu'à le prodiguer insolemment pour ménager le sang anglais ?

Seraient-ce les puissances de la Baltique ? — Mais le gouvernement anglais ne proclame-t-il pas sans cesse la prétention ambitieuse que seul il a le droit de faire sur mer ce qu'il veut, parce qu'il est le plus fort en marine? N'a-t-il pas aliéné plusieurs fois ces mêmes puissances, en opprimant leur commerce maritime, en menaçant de s'emparer du Sund, en bombardant leurs capitales, en effrayant leurs cabinets? Un fils du roi d'Angleterre, en votant dans la chambre haute, n'a-t-il pas ces jours derniers déchiré le voile politique qui couvrait encore toute l'atrocité de l'ambition et de la piraterie britannique : « J'espère, a dit le duc de Clarence (1), « que nous serons en mesure de dire à la France, » sans rien *gazer* dans les expressions, *vous n'aurez* » *pas Saint-Domingue ; vous n'aurez pas la Loui-* » *sianne ;* — de dire aux Espagnols : *vous n'aurez* » *pas les Florides,* et de dire à tous ceux qui sont » protégés par le tout-puissant CONSUL : *vous* » *n'aurez rien que ce que la Grande-Bretagne voudra* » *bien vous laisser prendre...* » Ce langage insultant et hautain de la famille royale est-il assez clair, assez stimulant pour les puissances du nord et du midi de l'Europe ?

Ainsi, c'est l'Angleterre qui, par son insolent égoïsme, par sa politique turbulente, par sa diplomatie tyrannique, par son ambition démesurée et par son horrible perfidie, s'est éloignée elle-même des affaires de l'Europe, et s'est chassée du continent. C'est elle-même qui, par la violation perpétuelle du droit des gens et de la foi des traités, s'est rendue étrangère et odieuse aux puissances continentales. C'est elle-même qui s'aliène tous les gouvernemens par son système prohibitif, son Acte de navigation, son achat de bataillons, son plan de corruption et de vénalité, et sa constante

_____

(1) Séance du 23 mai 1803.

habitude de traiter avec les Etats et les cabinets, comme d'avides marchands qui vendent leur or le plus chérement possible et aux plus onéreuses conditions.

Voilà donc le gouvernement *tutélaire* qui nous propose *l'état de possession*, comme si rien ne pouvait plus changer en Europe que de son propre mouvement et à son gré. Voilà le gouvernement *immuable* qui nous oppose les engagemens existans au tems du traité, comme si les intérêts placés hors la ligne du traité ne devaient subir de variation que par sa permission expresse. Voilà le gouvernement *fidèle* à la religion des traités, qui nous oppose la *loi générale des nations*.

Il vous sied bien, violent usurpateur de l'île de Malte, de nous parler du droit des nations, antérieur à tous les actes de la politique, et toujours supérieur à tous les traités ! Pour invoquer la loi générale des nations, il faut d'abord lui être fidèle ; et pour prouver qu'on respecte cette loi générale, il ne faut pas enfreindre, au gré d'un sordide intérêt de commerce, le plus solennel des traités ; il ne faut pas, pour opprimer la terre, s'emparer de tous les asiles de la mer ; il ne faut pas, pour rappeler les autres gouvernemens à la justice, commencer par violer, à son propre profit, la foi jurée ; il ne faut pas, en criant à l'invasion, envahir soi-même ; il ne faut pas, en accusant les autres Etats d'ambition et d'agrandissement, couvrir sa propre ambition par une révoltante hypocrisie, et s'agrandir soi-même au-delà de toute mesure et en violation de tous les droits.

Le traité d'Amiens est-il exécuté par l'Angleterre ou ne l'est-il pas ? L'évacuation de Malte est-

elle faite ou ne le sera-t-elle point ? Voilà la question de fait ainsi posée aux yeux de l'Europe entière. La ravissante métaphysique de M. Pitt, les
subtilités du cabinet britannique et les manifestes
royaux ne peuvent rien changer à ce fait essentiel.
Malte n'est point évacuée ; cette île n'est pas rendue
à ses maîtres ; la Méditerranée n'est plus libre, et
le commerce de toutes les nations est dans les
mains de l'Angleterre.

Ministres véridiques du roi Georges, placez à
côté de cette belle invocation de la loi générale
des nations, les ordres arbitraires que vous avez
expédiés à vos escadres et à vos bataillons pour
ne pas désemparer de Malte, et pour embarquer la
garnison napolitaine. Placez donc à côté de votre
dissertation morale sur cette loi naturelle qui doit
régler la conduite de tous les gouvernemens, ces
paroles de M. Dundas, pleines de franchise et surtout de justice (1) : « Sous quelque point de vue
» que nous considérions Malte, nous verrons
» qu'elle est pour nous de la plus haute importance.
» Je prétends que cette île ne peut plus être remise
» à l'Ordre de Saint-Jean de Jérusalem, et que
» *nous devons la garder pour nous-mêmes ; nous de-*
» *vons la garder pour notre intérêt et pour celui des*
» *autres puissances ; nous devons la garder, non-seu-*
» *lement pendant la guerre, mais même à PERPÉ-*
» *TUITÉ. La guerre est entreprise pour Malte, et*
» *Malte doit désormais nous appartenir en toute pro-*
» *priété..... »*

O vous grands politiques de l'Europe, diplomates
de toutes les nations, orateurs de tous les parlemens,

____

(1) Discours prononcé dans la séance du 23 mai 1803.

publicistes de tous les pays, humiliez-vous devant cette belle et consolante doctrine du gouvernement anglais ! *prendre ce qui convient : déclarer juste tout ce qu'on peut faire impunément : déclarer propriété légitime tout ce qu'on peut conquérir par des crimes, ou par la violation des contrats, ou par l'infraction des traités.*

Voilà l'esprit de la morale politique mise à exécution par le roi de la Grande-Bretagne. Et c'est au 19e. siècle, c'est dans le tems de la plus haute civilisation et des plus grandes lumières, c'est chez un peuple qui se dit libre, c'est dans une assemblée qui se dit représentative d'une nation morale, instruite et pensante, que de telles monstruosités émanent du trône, et que des maximes aussi éversives de l'ordre social sont publiées par le chef héréditaire de la nation que sa civilisation rendait jusqu'à présent si recommandable à l'espèce humaine ! Non, l'avenir refusera de le croire.....

5e. GRIEF. — Comment S. M. B. a-t-elle pu établir comme motif de guerre : *Qu'elle a été SOMMÉE d'évacuer Malte ?* Cette assertion est fausse ; car, quoique, d'après la 4e. disposition de l'art. X du traité d'Amiens, les troupes anglaises eussent dû *évacuer Malte dans les trois mois qui ont suivi l'échange des ratifications*, cependant, jusqu'à l'époque où le roi d'Angleterre fit au parlement le message brusque, irrégulier et inexact dans tous les faits qu'il contient, il ne parut pas qu'il eût été fourni aucune demande pour engager le gouvernement anglais à évacuer Malte.

N'est-ce pas là une preuve de la modération et même de la patience du Gouvernement français ? L'intention des puissances avait été de constituer

Malte

Malte également indépendante de la France et de l'Angleterre. C'est d'après ce motif rassurant pour toute l'Europe, que le traité d'Amiens, conforme en cela aux négociations des préliminaires de Londres, portait impérativement l'évacuation de Malte par les troupes anglaises dans le délai de trois mois, et ce n'est qu'un an après que la France a demandé l'exécution de l'art. X.

Vainement le gouvernement anglais argumente-t-il de l'abolition de diverses langues, de la diminution des revenus de l'Ordre, de son impuissance à garder cette île indépendante. Le traité d'Amiens a tout prévu et tout réfuté d'avance par l'établissement provisoire de la garnison napolitaine, par la triple garantie des puissances du Nord. Ainsi rien ne peut justifier la violation du traité.

L'indépendance de Malte est la base convenue par les puissances qui y sont toutes intéressées. Le gouvernement anglais a donc violé le traité, usurpé le territoire de l'île, détruit son indépendance et insulté à toute l'Europe par son occupation violente et prolongée, ainsi que par son refus d'évacuer une propriété qui ne peut et ne doit jamais lui appartenir si l'Europe veut sûreté, justice et commerce.

Quant à l'expression : *sommer l'Angleterre*, elle est étrangère au langage du Gouvernement français : il ne traite pas les puissances avec les formes brusques, impératives et inciviles du cabinet de Saint-James. Il a négocié avec le roi de Naples, avec le pape, avec l'empereur, presqu'aux portes de leurs capitales, et toujours ses négociations ont été assujetties aux égards, à la modération et aux formes les plus convenables.

Il n'y a pas plus de vérité dans tout ce que porte

la déclaration du roi *sur la garantie de Malte , qu'on prétend avoir été refusée par les empereurs d'Allemagne et de Russie , ainsi que par le roi de Prusse.* Les pièces officielles et publiées de la dernière négociation démontrent absolument le contraire. Ces pièces prouvent que ces trois puissances avaient accepté la garantie de Malte , et que c'est après que toutes ces garanties ont été obtenues , que toutes les difficultés ont été levées , que le gouvernement anglais a persisté dans son refus d'évacuer Malte , en dévoilant la prétention formelle de faire de cette île une propriété éternelle de la Grande-Bretagne.

C'est avec aussi peu d'exactitude que la déclaration du roi dit que « *depuis la conclusion du traité d'Amiens , les langues d'Arragon et de Castille ont été supprimées , et que partie de la langue d'Italie a été abolie par la réunion du Piémont et de Parme à la France.* » Ces langues n'ont point subi la suppression ; et l'assertion du roi , eût - elle été fondée , n'aurait point justifié l'Angleterre de la violation du traité. Le pape ne s'était pas encore expliqué sur la mesure prise par le roi d'Espagne , et l'on avait lieu de croire qu'il serait facile d'entrer à cet égard en négociation et en arrangement avec S. M. catholique. — Quant au Piémont , les biens de l'Ordre de Malte y avaient été vendus depuis cinq ans. — Il n'y a eu aucun changement , quant aux biens de l'Ordre , dans le duché de Parme.

Mais , dit le roi d'Angleterre pour justifier son usurpation : « *l'électeur de Bavière a été excité par le Gouvernement français à séquestrer la propriété de l'Ordre sur son territoire , et il est certain qu'il a , non-seulement sanctionné , mais encore encouragé*

l'idée de séparer la langue russe de celles qui compo-
sent l'Ordre. »

Cette assertion du roi est contraire à la vérité.
Les langues russes ne sont pas séparées de l'Ordre ;
la langue bavaroise ne l'est pas non plus ; et la
France ne peut être intervenue dans des change-
mens qui n'ont pas existé.

La Bavière et toute l'Allemagne savent que,
bien loin de conseiller la destruction des langues
d'Allemagne, le PREMIER CONSUL est puissamment intervenu pour leur faire donner un accroissement de biens. Cette fausse assertion doit faire
juger de la véracité de tout ce qui est allégué dans
le manifeste.

Enfin, pour ne pas restituer Malte, il n'est pas
d'effort, pas de stratagême, pas de subtilité, pas
d'imposture, que le gouvernement anglais n'em-
ploie quand il fait déclarer par S. M. B. *qu'elle*
était autorisée à penser que c'était la détermination
du Gouvernement français de violer les articles du
traité de paix qui stipulait l'intégrité de l'Empire
ottoman et l'indépendance des îles Ioniennes.

Si l'indépendance de ces îles de l'Adriatique a
été reconnue par toutes les puissances, et si des
garnisons russes y ont été conservées durant un certain tems, c'est pour calmer les divisions intestines
qui déchiraient ces malheureuses contrées. L'empereur de Russie n'eût sans doute fait aucune dif-
ficulté de les évacuer s'il avait pu se flatter d'empêcher par-là l'Angleterre de troubler encore une
fois le repos du Monde, et d'arrêter la prospérité
des nations.

Le roi d'Angleterre motive sa déclaration par des
vues et des projets qu'il attribue au Gouvernement

français, contre l'intégrité de la Turquie et l'indépendance des îles Ioniennes. Mais est-ce sur des *vues*, des *projets*, des *idées*, qu'un gouvernement sage déclare la guerre à un gouvernement fort ? Est-ce à la face de l'Europe politique et éclairée, que le gouvernement de la Grande-Bretagne a espéré pouvoir masquer son ambition et sa déloyauté, en attribuant au Gouvernement français, qui a stipulé et proclamé solennellement *la garantie de l'intégrité de l'Empire ottoman*, le projet d'en faire le partage ou la conquête ? Est-ce par des prétendues conversations, faites à loisir, que le gouvernement anglais peut se faire absoudre du *faussement* de la foi des traités ? Non, sans doute ; et s'il fallait que, dans les discussions présentes, l'Europe portât son jugement d'après des *idées*, des *vues*, des *projets*, ne croyez-vous pas qu'elle se déciderait contre le gouvernement anglais ? En effet, ces *vues* de partage, ces *projets* de conquête n'étaient-ils pas bien clairement annoncés par le séjour prolongé de l'armée anglaise en Egypte, pays qu'il était obligé, par le traité, d'évacuer dans un délai de trois mois ? Ces *vues*, ces *projets*, n'étaient-ils pas dénoncés à l'Europe par les démarches de l'Angleterre vis-à-vis la Porte ottomane, et par la juste et extrême inquiétude de cette dernière puissance ? Ces *projets* de l'Angleterre n'étaient-ils pas confirmés par les engagemens qui avaient déjà eu lieu entre l'armée anglaise et les troupes turques, par la correspondance de l'armée anglaise avec les Mamelucks qu'elle soldait, et auxquels elle fournissait des munitions de guerre ; enfin par l'opinion où était la Porte que les Anglais voulaient garder *Alexandrie et Suez comme comptoirs ?*

Ainsi donc, l'idée d'opprimer l'Empire ottoman a été conçue, mais c'est par l'Angleterre ; et l'on sait bien, dans tous les cabinets de l'Europe, qu'avant l'évacuation de l'Egypte, le cabinet de Londres a fait des efforts réitérés auprès de la Porte ottomane et auprès d'une autre puissance, pour garder cette province, objet moderne de son inquiète ambition. L'importance qu'elle met à l'usurpation de l'île de Malte dévoile encore plus ce projet ultérieur de domination universelle et de tyrannie maritime, en s'emparant de tous les points de la Méditerranée.

Veut-on savoir pourquoi l'Angleterre met tant d'importance à Malte ? C'est parce qu'elle veut y établir une compagnie du Levant ; Malte en sera le Bombay. Les pachas ou les beys d'Egypte, de Tripoli, de Tunis, de Candie, de Morée, d'Albanie, de Syrie, de Smyrne, etc. etc., en seront les nababs. On les excitera à la révolte contre la Porte, qui figurera comme la cour de Dély. On aura auprès de tous les beys, de tous les pachas, des agens : ils en enverront eux-mêmes à Malte. On répandra de l'argent avec profusion : on soldera largement toutes les avances que l'on provoquera contre le commerce français. Ainsi l'on parviendra à exclure la France et l'Espagne de tout le commerce du Levant, et on entendra bientôt dire que la navigation de ces parages est une prérogative exclusive de la couronne britannique.

Ainsi avec une simple garnison, quelque argent et une série d'intrigues, l'Angleterre chassera toute l'Europe du commerce de la Mer-Noire et des Echelles du Levant. Mais cette soif déshonorante de l'or pourra bien être la cause de la ruine de la

Grande-Bretagne. Elle veut trop s'étendre ; rien n'est sacré pour elle. Qu'elle prenne garde ; elle pourrait bien être à la veille du jour où sonnera sa dernière heure.

6ᵉ. GRIEF. — Faut-il encore refuser les fausses conséquences que le roi d'Angleterre veut absolument tirer du rapport du colonel Sébastiani, et des communications du PREMIER CONSUL, soit avec lord Withworth, soit avec le Corps législatif ?

C'est ce que le roi de la Grande-Bretagne appelle *des outrages réitérés que le Gouvernement français n'a cessé de faire à la couronne britannique et au peuple anglais ;* ce qui forme son dernier grief.

Il paraît d'abord assez étrange qu'un tel prétexte de guerre soit articulé par un gouvernement qui laisse imprimer et publier chaque jour, sous ses yeux, tant d'infâmes libelles et d'outrages grossiers contre le Gouvernement français, et principalement contre son premier et honorable magistrat.

Le roi d'Angleterre en serait-il donc venu à vouloir établir une censure sur tout ce qui s'écrirait et se ferait en France ? Y a-t-il une séance du parlement où les ministres n'aient provoqué la France par des insultes et des outrages, tantôt sur la nature de son gouvernement, tantôt sur la méfiance qu'il devait en concevoir ? Toutes leurs paroles ne sont-elles pas des paroles de jactance ? Et si le PREMIER CONSUL a dit qu'il avait 500,000 hommes, n'était-ce pas pour répondre à cet *état de paix* que le ministère britannique avait annoncé quelques mois auparavant devoir être considérable et presqu'approchant de l'état de guerre ?

Une nation qui outrage par des écrits et par des paroles toutes les nations avec lesquelles elle est en paix, a fondé quatre de ses griefs contre la France, sur des articles de gazettes ou des publications.

A Vienne, tous les ans on célèbre l'anniversaire de la levée en masse des milices viennoises, qui avait été faite pour repousser l'armée française en 1796, près de Léoben et de Bruck. Il est d'usage qu'un orateur vante le courage des armées autrichiennes, énumère les victoires remportées par elles sur les armées françaises. Il ne manque pas de dire que l'armée autrichienne est la première du Monde, etc. etc. Est-il venu en tête de penser que cela pût être une raison pour la nation française, de se croire insultée ? Chaque gouvernement n'est-il pas maître de dire et de faire chez lui tout ce qui lui convient ?

Nous ne relaterons pas ici tout ce qu'ont dit après la paix les ministres, les princes et les orateurs les plus célèbres du parlement. Ce serait se faire une étrange idée de l'humanité, que de croire qu'on doive se battre pour des objets qui pouvaient tout au plus être le sujet d'un duel.

Ici nous sommes obligés de le dire ; c'est un bien grand malheur pour une nation, d'avoir un gouvernement faible et imbécille.

Le rapport du colonel Sébastiani ne renferme pas un seul mot contre le gouvernement de S. M. ; pas un seul mot contre le peuple anglais, pas un seul mot contre l'armée anglaise. Il attaquait, il est vrai, un colonel de cette nation ; mais qu'est-ce qu'un individu britannique qui se dit outragé en regard des grands intérêts des deux Gouvernemens de France et d'Angleterre ? Est-ce dans la balance de l'Europe qu'il est permis de placer le nom même de tous les colonels anglais passés, présens et futurs ? Et le colonel Stuart devait-il s'attendre à ce grand honneur d'être vengé par une guerre européenne, de quelques paroles proférées en Afrique, et de quelques justes réponses à des outrages faits au héros et à l'armée qui ont défendu le Monde par leurs victoires, et qui l'ont rempli par leur renommée ? Eh ! quoi ? un officier français ne pourra répondre aux injures proférées par un officier anglais contre l'armée et son chef, sans qu'il faille verser toutes les calamités de la guerre sur le pays offensé ? A quoi donc se réduit cette récrimination officielle ? L'affaire des colonels Sébastiani et Stuart est purement individuelle ; elle ne peut par conséquent devenir jamais *nationale* : les lois de l'honneur et les usages militaires sont suffisans pour de tels faits.

Mais convient-il bien au roi d'Angleterre de se plaindre, diplomatiquement même, de la réponse faite par le colonel Sébastiani aux outrages portés à BONAPARTE et à l'armée française par un officier anglais, dans une brochure où il accuse BONAPARTE d'avoir empoisonné son armée, brochure que le roi d'Angleterre a reçue de sa main ? Le colonel Sébastiani ne défendait-il pas sa propre vie contre cet officier anglais, qui choisit le moment où ce premier est arrivé au Caire pour l'accuser auprès du pacha, en lui envoyant un ordre du jour de l'armée d'Egypte, écrit en l'an 7, et en excitant contre lui la multitude égarée par des suggestions perfides ? Ah ! s'il y avait eu des satisfactions à demander, elles l'eussent été bien légitimement contre l'odieuse conduite d'un général anglais qui a voulu faire assassiner un officier français en le dévouant aux poignards des Turcs.

Nous entrons dans tous ces détails, parce qu'il est essentiel de prouver à l'Europe la ridicule injustice des plaintes de S. M. B. D'ailleurs, rien n'est minutieux quand il s'agit des droits de l'humanité : tout s'aggrandit devant l'Europe, juge naturel de cette grande cause.

Le roi d'Angleterre, toujours ingénieux à chercher des outrages pour remplir son manifeste, en trouve un nouveau dans la *communication du* PREMIER CONSUL au *Corps législatif*.

C'est là que BONAPARTE a dit, avec tous les politiques et les militaires de l'Europe, cette grande vérité, que *l'Angleterre* SEULE *ne peut pas lutter contre la France*. Mais ce n'est là ni un défi ni une jactance. Il n'y a dans le style d'un grand général et d'un gouvernant célèbre que des aperçus profonds et des résultats politiques.

Lorsque le PREMIER CONSUL, après avoir présenté au Corps législatif l'état des diverses puissances de l'Europe, a parlé de la Grande-Bretagne comme *ne pouvant lutter seule contre la France*, il n'en a tiré qu'une conséquence favorable à la pacification générale. Le duc de Clarence n'existe-t-il pas dans les îles britanniques pour les préserver de toute attaque de la part des Français ? « *Je desire,* » a-t-il dit éloquemment, *voir la nation française* » *employer les vastes ressources qu'elle a dans son* » *sein, pour convaincre ce puissant Consul que nous* » *sommes capables de nous mesurer seuls contre la* » *France et contre tous ceux qui se joindront à elle.* » *Je desire voir la Grande-Bretagne châtier la France;* » *et ce n'est pas la première fois que nous l'aurions* » *fait. . . . . »*

Non, ce n'est point là un outrage pour la République française, de la part du duc de Clarence. Victorieuse de toutes les coalitions, triomphante de tous les crimes et de toutes les intrigues payées par l'or britannique, elle ne peut se croire blessée par les rodomontades d'un jeune lord qui croit qu'on châtie la France comme la France a châtié le duc d'Yorck et ses soldats à *Honscote* et sur les *dunes de Dunkerque*. Il sied bien à un jeune prince anglais de braver ainsi la belliqueuse France au moment où elle dépose à peine ses armes victorieuses, au moment où l'étoile d'Albion pâlit; au moment où le fisc et la dette nationale menacent d'engloutir toutes ses richesses; au moment où l'Inde opprimée est plus près encore du période des révolutions, que ne l'est l'Irlande asservie; au moment où la liberté prépare l'expulsion des Anglais des Antilles; au moment où l'Europe continentale, éclairée enfin sur ses véritables intérêts, verra avec joie se briser le trident d'airain qui pese sur l'Univers asservi. Ce jeune prince avait-il oublié les leçons que l'expérience a fait payer si cher à l'Angleterre? Ignore-t-il que *quarante-cinq* descentes ont eu du succès dans cette Grande-Bretagne, que les peuples barbares se sont tour à tour partagée? Ignore-t-il qu'il a suffi d'une poignée de Normands pour *châtier les Anglais et leur dicter des lois?*.....

Les communications du PREMIER CONSUL avec le Corps législatif ne sont donc pas des outrages pour le gouvernement anglais, pas plus que les communications du PREMIER CONSUL avec lord Withworth. 1°. Il est constant que cette conversation, dont cet ambassadeur a envoyé les détails à son gouvernement, est fausse dans ses principales parties; elle a été formellement démentie dans le

Journal officiel. D'ailleurs, ce qu'a dit le PREMIER CONSUL, il l'avait dit peu de jours auparavant dans le message au Corps législatif : « L'Empire otto- » man est ébranlé de tous côtés, mais l'intérêt de » la France est de le soutenir. » 2°. Elle est publiée par un gouvernement qui est convaincu d'avoir altéré, mutilé, falsifié sans pudeur les pièces les plus authentiques des dernières négociations, en les présentant imprimées au parlement. 3°. Lorsque le PREMIER CONSUL a voulu favoriser lord With-worth d'une conversation particulière, ce n'était pas sans doute pour fournir des armes contre lui-même au gouvernement machiavélique de Londres, mais bien pour faire connaître à l'envoyé anglais ses véritables intentions, ses sentimens modérés et l'amour de la paix qui animent le Gouvernement français.

Conçoit-on enfin qu'il puisse exister un gouver-nement stabilisé depuis un siècle, renommé par l'habileté de sa politique et par la régularité de sa diplomatie, qui ne rougit de baser une déclara-tion de guerre sur des *vues*, des *idées*, des *indices*, des *soupçons*, des *conjectures*, sur des *rapports inexacts et vagues*, sur des *conversations fugitives et mal rendues*, *autant que mal interprétées ?*

C'est cependant d'une autre conversation du PREMIER CONSUL avec lord Withworth, en pré-sence du corps diplomatique, que S. M. veut tirer un nouvel exemple de provocation de la part du Gouvernement français, comme si le jour où le premier message du roi d'Angleterre au parlement, pour les préparatifs maritimes, fut connu à Paris, il était possible à un gouvernant dont l'honneur et la vérité animent le cœur et la pensée, de se con-

tenir au point de dissimuler la profonde indignation qu'inspirent le mensonge et la déloyauté. Il
n'appartient qu'aux hommes flegmatiques et profonds dans l'art perfide et dissimulé des cours, de
se déguiser ainsi. Le PREMIER CONSUL fut ex-
trêmement modéré, si nous considérons les con-
jonctures où il se trouvait placé ; et il montra dans
cette circonstance autant d'énergie que d'amour
pour la paix. Ah ! sans doute, après un message
aussi insultant pour le Peuple français, après un
message royal fondé sur deux mensonges évidens,
après un message où S. M. britannique annonce
faussement *qu'il se fait des armemens dans les ports
de la France, et qu'il y avait des négociations ouvertes entre les deux cabinets*, il n'est aucune puissance, il n'est aucun gouvernement qui n'eût rompu
soudainement toute communication avec un prince
capable de rallumer la guerre, en mentant à son
pays et à la face de l'Europe.

Comment donc le roi d'Angleterre présente-t-il
aussi à son parlement, comme motif légitime de
guerre, une *gazette de Hambourg*, dont un article
prétendu inséré par l'influence du commissaire français des relations commerciales, *propage*, selon lui,
*dans l'Europe les calomnies les plus offensantes et
les plus mal-fondées contre S. M. et son gouvernement ?*

S. M. britannique, en articulant un pareil motif
de guerre, a cru qu'il n'était pas permis à un commissaire français de démontrer que S. M. britannique avait été induite, par ses sages et habiles
ministres, à faire à la nation anglaise deux révol-
tans mensonges dans son premier message au parlement, où il annonce contre la vérité connue de

toute l'Europe, qu'il se faisait des armemens considérables dans les ports de France, et qu'il y avait des négociations ouvertes entre les deux cabinets. Si prouver l'évidente fausseté de ces deux assertions royales est outrager S. M. britannique et calomnier son gouvernement, que faudra-t-il donc dire de ce ramas de libelles scandaleux, d'injures grossières et d'amères calomnies consignées dans les journaux anglais, sous l'autorité du roi et de ses ministres; journaux scandaleusement insultans qui ont inondé l'Europe et provoqué, principalement depuis la paix générale, le chef honorable du Gouvernement français ? Quel nom faudra-t-il donner au système anglais, qui déclare inviolables, ou plutôt impunis, ces calomniateurs périodiques, pourvu qu'ils dénigrent les gouvernans des autres nations, pourvu qu'ils travaillent constamment à décrier les gouvernemens étrangers, pourvu qu'ils fassent une guerre vile et honteuse aux hommes célèbres et aux gouvernemens éclairés qui ne veulent pas reconnaître la suprématie universelle de l'Angleterre, ni s'humilier devant la raison éminente de son roi et la haute prudence de ses ministres ?

« *C'est aussi*, porte la déclaration royale, *pour dégrader, avilir et insulter S. M. et son gouvernement, que le Gouvernement français a demandé dans plusieurs occasions de violer les lois de l'hospitalité à l'égard des personnes qui ont trouvé un asyle dans ses États, et contre lesquels il n'y a pas d'accusation fondée.* » Il faut être bien dépourvu de raison ou bien aveuglé dans sa haine, pour présenter de pareils motifs de guerre; car on aura de la peine à croire que ce même gouvernement qui se plaint aujourd'hui de ce que le Gouvernement français lui demande, au nom de la justice et de la sûreté générale, l'éloignement de quelques empoisonneurs, de quelques assassins, de quelques calomniateurs à gages, honteusement abrités dans les îles britanniques, est le même gouvernement qui a *offert à la France la déportation de ces êtres malfaisans pour prix d'un consentement à l'occupation de Malte durant dix années.* Si donc la France avait voulu violer un traité, l'Angleterre aurait violé l'hospitalité. Si la France avait voulu livrer aux Anglais le commerce de toutes les nations, la Grande-Bretagne, reconnaissante, aurait déporté quelques scélérats. Mais si la France refuse d'asservir la navigation de la Méditerranée, ces malfaiteurs reconnus ne sont plus pour l'Angleterre que des hommes irréprochables, dont elle ne saurait violer l'asyle.....

. Voilà cependant le gouvernement qui se vante de sa morale, de sa modération, de sa justice, et qui se plaint de calomnies, d'outrages et de provocations. Voilà, certes, de nobles et grands motifs d'incendier de guerre toute l'Europe, et de mettre aux prises deux nations industrieuses et agricoles ! — Quelques paquets de marchandises anglaises, non reçues librement en France, tandis que les Anglais repoussent nos productions territoriales ; — quelques agens commerciaux qui demandent des sondes de port et des plans de villes imprimés partout, tandis que nous accueillons, sans défiance, les milliers d'Anglais qui viennent chez nous ; — quelques cantons suisses que la France n'a pas voulu laisser se ruiner, se détruire par des dissentions intestines, ni laisser envahir par une guerre étrangère, tandis que les Anglais y envoyaient des émissaires, des armes, des munitions et des plans d'extermination civile ; — quelques troupes françaises stationnées en Hollande, tandis que les Anglais organisaient des plans secrets d'ambition sur cette contrée et sur ses colonies ; — quelques obstacles apportés par la France à ce que l'Angleterre rallume la guerre dans le continent par ses intrigues diplomatiques, tandis que les Anglais envoient des émissaires dans toutes les parties de l'Europe pour tâcher de légitimer leur fureur de guerroyer encore avec la France ; — quelques invitations aux Anglais d'évacuer Malte pour exécuter par-là le traité d'Amiens, tandis qu'ils se plaignoient dans leurs journaux que la France ne l'exécutait pas de son côté ; — quelques *idées* ou *soupçons* que la France desirait encore l'Egypte et les îles Ioniennes, tandis que les Anglais laissaient leurs troupes à Alexandrie une année après le traité d'Amiens, et ne désemparaient pas de Malte ; — quelques conversations rédigées sans vérité, et interprétées sans bonne foi, tandis que les Anglais ne cessent d'outrager la France dans les journaux, et d'insulter le chef de son Gouvernement..... Telles sont cependant les causes graves et légitimes de la guerre juste et nécessaire ; causes officiellement présentées par S. M. B., qui déclare à la fin de son manifeste, « *n'être animée que du sentiment de ce qu'elle doit à l'honneur de son commerce, aux intérêts de son peuple, et du désir d'arrêter les progrès d'un système qui, s'il ne rencontre pas d'obstacle, peut devenir fatal à toutes les parties du Monde civilisé*..... »

Vous, roi de la Grande-Bretagne, eh ! quoi?

vous parlez de *l'honneur de votre couronne* pour faire de nouveau la guerre, et vous vous taisez sur *l'honneur de votre parole royale* pour maintenir un traité de paix solennel ! Vous êtes pénétré des *intérêts de votre peuple*, qui ne pouvait contenir sa joie quand vous signâtes la paix, et vous invoquez encore les intérêts de ce même peuple quand votre déclaration de guerre contriste toutes les classes pensantes, propriétaires et industrieuses de l'Angleterre ! Vous parlez du *desir d'arrêter les progrès d'un système qui peut devenir fatal à toutes les parties du Monde civilisé*, et pour mieux civiliser le Monde vous lui reportez toutes les calamités de la guerre !

Eh ! de quel système voulez-vous parler ? Est-ce de ce système de *puissance*, de *domination* et d'*accroissement* dont vos ministres et vos orateurs ministériels ne cessent d'accuser la France, pour masquer aux yeux de toutes les autres nations la puissance colossale, l'insatiable ambition et l'accroissement perpétuel de l'Angleterre ? Entendez-vous parler de l'énergie, de l'ambition et de la vaste politique du PREMIER CONSUL, que vos journalistes et vos diplomates ne cessent de calomnier auprès des autres gouvernemens ? Que vos libellistes périodiques, oratoires ou diplomatiques, dépriment tant qu'ils voudront une vie si glorieuse et un Gouvernement si énergique ; que, dans leur style injuste et contumélieux, ils appellent la dignité qu'il imprime au Gouvernement français, *orgueil* ; sa suite imperturbable dans le bien, *opiniâtreté* ; son énergie profonde d'exécution, *dureté* ; son desir prononcé de ne laisser jamais outrager la nation française, *arrogance* ; ses vues pour la défense et la

sûreté

sûreté du midi de l'Europe, *ambition ;* de pareilles censures ne prouveront jamais que le génie ne soit le génie ; que vouloir la paix par toutes sortes de sacrifices, ne soit l'amour inaltérable de l'humanité ; que résister aux invasions et aux perfidies de l'Angleterre, ne soit défendre son pays et maintenir l'Europe : mais elles prouveront seulement que les vues conservatrices et paisibles de BONAPARTE ont été également méconnues et calomniées dans le palais de Windsor et dans les salles de Westminster. Je m'arrête : il ne s'agit ici ni d'un homme ni de quelques éloges ; il s'agit de la paix du Monde.

Mais à quel tribunal doivent se porter de telles questions ? C'est à celui de l'Europe entière et de la postérité que la République française citera l'Angleterre. Quelle importante cause que celle où les bienfaits de la paix et les calamités de la guerre sont mis en balance, où la violation des traités et les droits des peuples sont mis en question par quelques passions honteuses, où l'on voit deux grands Gouvernemens pour *parties* et le Monde entier pour *tribunal !* De quel côté est donc ici *l'esprit d'ambition, d'agrandissement, d'agression et de prééminence universelle ?*

LA FRANCE possédait par ses armes toutes les contrées, depuis la mer du Nord jusqu'à la mer Adriatique, et depuis le Danube jusqu'au canal de Messine. Qu'a-t-elle fait pour la paix générale ? —— Elle rend la Batavie à elle-même ; elle restitue à la Suisse son indépendance avec ses anciennes constitutions ; elle cède les pays vénitiens à l'Autriche ; des indemnités territoriales sont accordées aux électeurs du corps germanique ; les îles vénitiennes régularisent leur gouvernement sous l'influence de la Russie et de la Porte ; l'Italie voit s'établir les Républiques Lucquoise, Italienne et Ligurienne ; les troupes françaises évacuent les Etats du pape et le royaume de Naples ; l'Etrurie reçoit un roi ; l'armée française, presque aux portes de Vienne, rentre dans la rive gauche du Rhin ; le Portugal est évacué et rendu à son indépendance. — Ah ! si la France avait eu des projets ambitieux et des vues d'agrandissement, n'aurait-t-elle pas conservé l'Italie toute entière sous son influence directe ? N'aurait-elle pas étendu sa domination sur la Batavie, la Suisse et le Portugal ? Au lieu de cet agrandissement facile, elle présente une sage limitation de son territoire et de sa puissance ; elle subit la perte de l'immense territoire de Saint-Domingue, ainsi que des trésors et des armées destinées à la restauration de cette colonie..... Elle fait tous les sacrifices pour obtenir la continuation de la paix.

L'ANGLETERRE, au contraire, s'empare entièrement de l'île opulente de Ceilan et de toute la navigation du golfe du Bengale ; elle acquiert l'importante possession de la Trinité ; elle essaie, par un traité secret avec les Mamelucks, d'envahir l'Egypte, en leur fournissant des armes et des munitions ; elle ne quitte Alexandrie que long-tems après l'expiration des délais convenus, et parce que les ravages de la peste l'épouvantent ; elle viole le traité d'Amiens pour garder Malte, pour diriger les corsaires barbaresques, pour faire le commerce exclusif de l'Adriatique, du Levant, des Dardanelles et de la Mer-Noire, et pour défendre à toutes les nations la navigation de la Méditerranée ; elle réunit tous ses efforts pour faire perdre

Saint-Domingue à la France (1), et pour l'empêcher de jouir de la Louisiane ; elle excite des
dissentions dans les cantons suisses, et fournit des
munitions et des armes à leur extermination civile ;
elle envoie ses escadres dans les mers du Nord et
devant le Texel et la Meuse, menaçant d'envahir
la Batavie ; elle convoite la Sicile, demande l'île
de Lampedose, et occupe la Sardaigne. Les quatre
parties du Monde, les golfes, les caps, les dé-
troits, les colonies opulentes ne peuvent satisfaire
sa cupidité politique et commerciale. Son avarice
et son ambition sont enfin à découvert. Le masque
tombe ; l'Angleterre n'assigne plus que trente-six
heures à la durée de la paix. Elle a spéculé la
guerre soudaine pour saisir à-la-fois sur l'Océan
les richesses long-tems déposées, que les colonies
espagnoles, portugaises et bataves envoient enfin
à leur métropole, ainsi que les vaisseaux de la
République française et les bâtimens de son commerce à peine régénéré. L'Angleterre trouble, au
gré de quelques passions haineuses et trop puis-
santes, la paix du Monde, viole sans pudeur les
droits des nations, foule aux pieds les traités les
plus solennels, et fausse la foi jurée, cette foi
antique, éternelle, que même les hordes sauvages
connaissent, et qu'elles respectent religieusement.

Un seul obstacle l'arrête dans sa marche politique et dans sa course ambitieuse : c'est la France
victorieuse, modérée et prospère ; c'est son gouvernement énergique et éclairé ; c'est son chef il-

(1) Selon le duc de Clarence (séance du 23 mai), c'est
aux efforts de la Grande-Bretagne que la France doit attribuer
la perte de Saint-Domingue.

lustre et magnanime. Voilà les objets de son envie délirante, de ses attaques réitérées, de sa haine implacable, de ses intrigues diplomatiques, de ses conjurations maritimes et de ses dénonciations officielles à son parlement et à ses sujets. Mais l'Europe observe ; la France s'arme ; l'histoire écrit : ROME ABATTIT CARTHAGE !